NOTRE-DAME
DU HAUT,

SITUÉE

SUR LA PAROISSE DE RONCHAMP,

DIOCÈSE DE BESANÇON

(Haute-Saône),

PAR L'ABBÉ VERDOT.

J'ai levé les yeux vers les montagnes,
d'où il me viendra du secours.
(Ps. cxx, 1.)

BESANÇON,

IMPRIMERIE ET LITHOGRAPHIE DE J. JACQUIN.

1860.

NOTRE-DAME DU HAUT.

A MARIE

Vénérée sous le titre de Notre-Dame du Haut :

HOMMAGE.

O Marie, Mère de clémence et de miséricorde, permettez-moi de déposer à vos pieds l'hommage de mon respectueux dévouement, et de porter avec confiance un regard d'amour vers la montagne sainte où depuis tant de siècles vous recevez les hommages et les vœux de vos enfants bien-aimés, et d'où vous répandez sur eux avec tant de profusion vos dons précieux.

Daignez, ô ma tendre Mère, accueillir

favorablement tous les pieux pèlerins qui, par la suite, graviront encore cette sainte montagne pour venir vous y bénir, vous y honorer et implorer votre maternelle assistance; dilatez votre cœur pour les y recevoir; étendez sur eux votre main puissante pour les bénir et les protéger. Que leurs prières et leurs vœux ardents, qui vous seront présentés dans ce sanctuaire auguste, soient portés par vous jusqu'au trône de votre Fils, et concourent à sa gloire, à votre honneur, au triomphe de l'Eglise et au salut des âmes!

Recevez, ô ma bonne Mère, ce petit livre que je vous consacre, et qui a pour but de ranimer dans le cœur des pèlerins de Notre-Dame du Haut l'amour et la confiance qu'ils doivent à la meilleure des Mères. Bénissez celui qui vous l'offre et ceux qui le liront; obtenez-nous à tous la grâce d'une vie pure et d'une sainte mort.

AVIS

Aux Pèlerins de Notre-Dame du Haut.

Un pèlerinage entrepris dans les sentiments d'une foi vive, d'une confiance ferme et avec des dispositions d'humilité et de contrition, est une démarche très agréable à Dieu et capable d'obtenir des grâces signalées.

Les pèlerinages ont été approuvés par l'Eglise dans tous les temps; elle les a recommandés aux fidèles et les a enrichis très souvent de nombreuses indulgences. Ils sont autorisés par la conduite des chrétiens les plus pieux et les plus éclairés.

Notre Seigneur lui-même nous a donné l'exemple des pèlerinages en se rendant au temple de Jérusalem, en se retirant sur la montagne pour y prier, pour y instruire les peuples et y manifester sa gloire.

La sainte Vierge, après l'ascension de son divin Fils, montait souvent au Calvaire pour y vénérer les lieux sanctifiés par les souffrances et la mort de notre Sauveur. Elle allait aussi au mont Carmel y visiter la grotte du prophète Elie; elle y était suivie par les premiers chrétiens, et c'est là qu'ils élevèrent à son honneur le premier sanctuaire.

Saint Augustin parle, dans son livre de la *Cité de Dieu,* de la foule innombrable de pèlerins qui allaient honorer les reliques de saint Etienne, premier martyr, et des prodiges opérés par leur vertu au milieu du concours immense des fidèles ravis d'admiration.

« Voyez, disait saint Jean Chrysos-
» tôme, les sépulcres de nos illustres
» apôtres; voyez comme ils surpassent
» en éclat et en vénération les tom-
» beaux des empereurs. Autour du
» marbre qui couvre les princes de la

» terre, je ne trouve que solitude ; mais
» ici quelle foule ! quel innombrable
» concours ! »

« Je serais infini, ajoutait saint Jé-
» rôme, si je voulais compter quels ont
» été dans tous les âges, depuis l'as-
» cension du Seigneur jusqu'à ce jour,
» les évêques, les savants, les orateurs
» qui sont venus à Jérusalem adorer
» le Sauveur, dans ces lieux mêmes
» où l'Évangile lança du haut de la
» Croix ses premiers rayons. »

On pourrait appliquer ces paroles
aux nombreux sanctuaires de Marie
qui se sont élevés d'âge en âge, et qui
sont répandus sur la surface du monde
chrétien : de toute part on accourt
pour les visiter, et le Seigneur, pour
autoriser ces pieux pèlerinages, se
plaît à y attacher des grâces privile-
giées et à y faire éclater sa puissance
et sa miséricordieuse bonté.

Or, le sanctuaire de Notre-Dame du

Haut est un de ces lieux choisis et privilégiés où le Ciel daigne opérer des prodiges par la médiation de la sainte Vierge. Tout ce que vous ont raconté vos pères en vous parlant de Notre-Dame du Haut ; ce que vous avez vu, entendu et éprouvé vous-même à cet égard, ne doit vous laisser aucun doute sur les précieux avantages que vous offre ce saint pèlerinage.

Levez donc les yeux vers cette montagne chérie du haut de laquelle Marie protége et bénit vos demeures et vos personnes ; accourez à ce sanctuaire vénéré, dépositaire des hommages et des vœux de vos pieux ancêtres, théâtre merveilleux des faveurs célestes les plus signalées, asile sacré où vous trouverez un abri assuré contre les dangers du salut, et où Marie, Mère de grâce et de miséricorde, vous attend pour répandre sur vous et sur vos familles de nouvelles faveurs. C'est ici, pécheurs, que vous trouverez la grâce du repentir et du pardon; c'est ici, âmes affligées, que vous recevrez les consolations que votre cœur réclame; c'est ici que vous obtiendrez la victoire et le salut, ô vous qui avez à soutenir de terribles luttes contre le démon, le monde et vos passions! Ecoutez la bonne Vierge, qui vous adresse cette parole de la sainte Ecriture, qu'elle emprunte à la tendresse de son divin Fils : « Venez à » moi, vous qui êtes accablés sous le » poids du travail et de la peine, et je » vous soulagerai. »

Les ennemis de toutes les pratiques pieuses s'élèvent et déclament surtout contre les pèlerinages, et s'efforcent d'en exagérer les abus. On leur a répondu cent fois que la religion, qui autorise et consacre les pèlerinages, en réprouve et condamne les abus. Mais le meilleur moyen d'éviter tout abus dans les pratiques religieuses, c'est de ranimer sa foi, de réchauffer sa ferveur, de se dégager des erreurs et des préjugés du monde; or, tous ces effets peuvent s'obtenir par les pèlerinages faits dans de bonnes dispositions. « Le » meilleur moyen de supprimer les abus » d'un pèlerinage, disait un prélat distingué, est de le rétablir dans sa » première splendeur et d'y ajouter, » s'il est possible, un nouveau lustre » pour le rendre de plus en plus florissant. »

De quoi n'abuse-t-on pas dans le monde? On abuse des sacrements, de la parole de Dieu, des offices de l'Eglise; mais qui oserait dire pour cela qu'il faut les supprimer?

Fermons donc l'oreille aux discours de l'impiété, et ne nous laissons pas ébranler dans la pratique de nos œuvres de piété. Usons des pèlerinages comme de moyens puissants de salut; allons-y puiser les secours et les bénédictions célestes comme à des sources pures et fécondes. Et, pour y éviter tout abus, ayons soin d'y apporter les dispositions suivantes :

1° Une grande pureté d'intention et un désir sincère de nous sanctifier et d'obtenir la grâce que nous demandons.

2° Occupons-nous pieusement pendant le pèlerinage, soit en méditant, soit en récitant le chapelet ou d'autres prières, soit en nous préparant à recevoir dignement les sacrements de pénitence et d'eucharistie. Gardons le silence, ou bien entretenons-nous de choses pieuses et édifiantes.

3° Au retour du pèlerinage, ne perdons pas par la dissipation ce que nous avons gagné par le recueillement. Conservons avec soin le don de Dieu ; rentrons à la maison avec calme et dans les sentiments d'une vive reconnaissance.

C'est pour vous engager à faire pieusement le pèlerinage de Notre-Dame du Haut et pour favoriser votre piété envers la sainte Vierge, que nous avons jugé à propos de publier cette petite Notice sur l'origine de ce pèlerinage, sur les développements qu'il a pris, sur les avantages qu'il procure, sur l'érection de l'ancien et du nouveau sanctuaire de Notre-Dame du Haut.

Nous avons ajouté à cette Notice quelques formules de prières et de dévotion à la sainte Vierge, afin de ranimer envers cette tendre Mère votre ferveur et votre confiance.

Nous avons pensé vous être agréable en insérant dans ce petit livre certains détails sur la paroisse de Ronchamp et sur le digne abbé Vauchot, qui a déployé tant de zèle pour le sanctuaire de Notre-Dame du Haut.

Nous espérons que vous accueillerez favorablement ce petit livre, et que vous nous donnerez une part à vos prières lorsque vous déposerez vos hommages aux pieds de notre auguste Mère.

NOTRE-DAME DU HAUT.

NOTICE

SUR LE PÈLERINAGE ET LE SANCTUAIRE DE CE NOM.

I.

Situation du Sanctuaire de Notre-Dame du Haut.

Le sanctuaire de Notre-Dame du Haut, qui portait autrefois le nom de Bourlémont, est un des sanctuaires les plus antiques et les plus fréquentés de notre pieuse Franche-Comté. Il est situé à un kilomètre environ du village de Ronchamp, au canton de Lure, dans le département de la Haute-Saône et dans le diocèse de Besançon, sur une montagne qui termine à l'ouest la chaîne remarquable des Ballons des Vosges. Il couronne un plateau qui présente un magnifique point de vue. De ce lieu béni où Marie a reçu et exaucé les vœux de tant de générations, l'œil du pèlerin peut mesurer d'un regard l'espace qui sépare le mont Saint-Bernard de la ville de Langres, et voir se dérouler sur une vaste étendue une foule de villages, de bourgades, de forêts, de prairies, de coteaux, qui présentent un spectacle ravissant, capable d'émouvoir et de disposer à la prière.

Il serait impossible d'exprimer les impressions que l'on éprouve en arrivant au sanctuaire de Notre-Dame du Haut! Sous le charme de cette position pittoresque et en face de l'antique chapelle de Marie, où se formèrent tant de vœux, où furent répandues tant de larmes, où tant de douleurs furent calmées et tant de grâces obtenues, on est comme transporté d'une sainte joie et saisi d'un vif sentiment de ferveur, au point d'oublier toutes les fatigues du pèlerinage. L'âme se sent dégagée de ses peines et de ses inquiétudes ; le cœur se dilate et s'ouvre à la confiance ; il semble que l'on soit plus près de Dieu, plus rapproché du ciel, et que la miséricorde ait fixé sa demeure en ces saints lieux.

Venez donc, pieux pèlerins, goûter les délices de la prière dans ce béni sanctuaire ; venez aux pieds de Marie, lui redire vos peines, vos douleurs, votre repentir, votre amour et votre confiance ; venez lui adresser un cantique de reconnaissance et d'espoir. Cette bonne Mère recevra vos soupirs et vos vœux ; elle sera véritablement pour vous « le trône de grâce auprès » duquel vous obtiendrez miséri- » corde. »

II.

L'ancienne Chapelle de Notre-Dame du Haut.

Le monument actuel de Notre-Dame

du Haut se compose de deux parties, de l'ancien et du nouveau sanctuaire; disons un mot de l'un et de l'autre.

On a fait beaucoup de conjectures sur l'origine et l'antiquité de la chapelle et du pèlerinage de Notre-Dame du Haut. De pieuses traditions de la contrée feraient remonter ce sanctuaire à des temps très reculés, et lui assigneraient une place sur les ruines d'un de ces temples d'idoles autrefois si nombreux dans la Séquanie; mais les documents nous manquent pour accréditer cette opinion.

L'antique chapelle du Haut remonte au moins au commencement du xive siècle, car elle porte le millésime de 1308.

Cette chapelle avait probablement remplacé un oratoire consacré à la sainte Vierge, ou bien elle avait été édifiée comme un monument commémoratif de quelque événement remarquable ou de certaines faveurs signalées obtenues dans ces lieux par la médiation de la sainte Vierge.

Nous n'avons pas de documents certains pour appuyer cette opinion, qui toutefois semble être autorisée par le nombreux concours de fidèles que de temps immémorial la confiance amène sur cette montagne vénérée.

A une époque que nous ne pouvons préciser, l'antique chapelle du Haut fut établie église paroissiale de Ronchamp (1). Elle servit à cet usage jus

---

(1) Ronchamp est mentionné dans une charte de 1304 en termes qui lui assignent une origine beaucoup plus ancienne. Ce village fut ravagé en 1632 par les troupes suédoises : c'est ce qui explique le manque de titres et de documents antérieurs à cette malheureuse époque.

Les registres les plus reculés remontent à l'an 1643. Messire Malbouhans était alors curé de Ronchamp; il fut remplacé en 1662 par qu'en 1751. C'est alors que fut bâtie l'église actuelle de Ronchamp.

Cette translation du siége de la paroisse ne ralentit point la dévotion des

messire Guyot. En 1664 la cure passa à M. Corberand ; en 1682, à M. Ballay ; en 1692 , à M. Ringuel ; ensuite à M. Jacques ; en 1740, à M. Perney : c'est lui qui fit bâtir l'église de Ronchamp, il fut donc le dernier curé de Notre-Dame du Haut. M. Aubry prit possession de la paroisse en 1760 ; M. Jean Richard en 1780 ; M. Grandvuillin en 1795 ; M. Beauchet en 1796 et M. Pierchy en 1799.

Après les temps orageux de la révolution, en 1803, M. Clerc fut nommé à la cure de Ronchamp ; il eut pour successeur M. Carité en 1822, lequel fut remplacé en 1836 par M. Cucherousset : ce digne prêtre a fait beaucoup de bien dans la paroisse, où sa mémoire est encore en vénération. M. Gauthier prit possession de la paroisse en 1839 ; il fut remplacé en 1853 par M. Faivre, curé actuel de Ronchamp. Que Dieu le conserve longtemps pour le bonheur de ses paroissiens, qui savent si bien apprécier son zèle et son inépuisable charité !

fidèles pour Notre-Dame du Haut; il y eut toujours le même concours de pèlerins, la même affluence de personnes pieuses et ferventes qui, dans les différents besoins de la vie, dans les conjonctures difficiles, allaient réclamer le secours de Celle qu'on n'invoqua jamais en vain.

Au temps de la réforme, les efforts des disciples de Luther et de Calvin étaient venus se briser devant l'antique sanctuaire de Notre-Dame du Haut. Aux jours à jamais déplorables où l'impiété révolutionnaire fermait les églises et détruisait les monuments religieux, ce même sanctuaire, par une faveur inappréciable qui ne peut être attribuée qu'à la protection de Marie, échappa au vandalisme et demeura constamment ouvert au culte. On y célébrait la sainte messe, on y administrait le baptême, on y bénissait les mariages, et les pieux fidèles allaient s'y dédommager des privations que leur avait imposées la persécution en interdisant tout acte du culte extérieur (1).

Cette chapelle, solidement bâtie dans les formes ogivales du xɪvᵉ siècle, présentait dans sa sculpture quelques pièces remarquables. Elle vient d'être réparée et mise dans un état d'élégance qui plaît et qui inspire la piété. Cette précieuse réparation, dont nous parlerons plus loin, est due au zèle intelligent de M. l'abbé Faivre, curé de Ron-

(1) L'ancienne chapelle du Haut avait été, il est vrai, vendue par le gouvernement de la république française à un homme de Luxeuil; mais les habitants de Ronchamp, craignant de voir détruire ce monument si cher à leurs pères et si précieux pour eux, se hâtèrent de le racheter. Ce trait, qui fait honneur aux fidèles de Ronchamp, est un nouveau titre à la protection dont la sainte Vierge se plaît à couvrir cette paroisse.

champ, et à la générosité des fidèles et des pieux pèlerins. Gloire en soit rendue à Dieu, qui est l'auteur de tout bien, hommage à sa divine Mère, honneur à l'artiste habile qui a dirigé ce travail, et reconnaissance à tous ceux qui ont contribué à cette sainte œuvre !

Le sanctuaire du Haut avait été consacré à la sainte Vierge sous le vocable de sa Nativité : voilà pourquoi chaque année, au jour anniversaire de la Nativité de la sainte Vierge, on y remarque une foule si nombreuse de pèlerins.

La statue miraculeuse de Marie qui de temps immémorial est l'objet de la vénération des fidèles, et qui reposait sur l'autel de cet antique sanctuaire, devait être transportée dans la chapelle nouvellement construite dont nous parlerons tout à l'heure ; mais, par une disposition plus conforme au bon goût et aux vœux des habitants de la contrée, elle demeurera sur son ancien trône.

Cette précieuse et vénérée statue est en bois dur, délicatement sculptée, de la hauteur d'un mètre trente centimètres ; elle tient l'enfant Jésus sur son bras gauche, ayant la tête doucement inclinée vers lui ; deux séraphins suspendent une couronne de fleurs au-dessus de son front ; elle est couverte de croix d'or et d'objets précieux offerts par les pèlerins en reconnaissance des faveurs obtenues.

Avec quel bonheur les pèlerins se prosternent devant cette image bénie, et redisent à Marie ces paroles touchantes : « Soyez, s'il vous plaît, notre » avocate ; abaissez sur nous les regards » de votre miséricorde ! »

Eia ergò, advocata nostra, illos tuos misericordes oculos ad nos converte !

III.

Le nouveau Sanctuaire de Notre-Dame du Haut.

L'état de vétusté et de dégradation de l'ancienne chapelle du Haut, le nombre toujours croissant de pèlerins, les faveurs signalées obtenues dans ces saints lieux par la médiation de la sainte Vierge, inspirèrent à de pieux prêtres et à plusieurs fidèles le projet de restaurer et d'agrandir l'antique sanctuaire, ou, s'il était possible, d'en construire un nouveau, plus vaste, mieux décoré, et plus propre à recevoir tous les pèlerins et à satisfaire leur piété.

Ce projet fut soumis à M₉ᵣ Mathieu, Archevêque de Besançon. Ce digne Prélat, si connu par son zèle et sa piété envers la sainte Vierge, autorisa cette œuvre, qu'il regarda comme très importante et propre à rendre de plus en plus florissant le culte de la très sainte Vierge. Voici la lettre que cet illustre Pontife, aujourd'hui Cardinal de la sainte Eglise, écrivait à ce sujet à M. l'abbé Vauchot, curé de Ruffey, qui s'était chargé de la réalisation de ce pieux projet; elle est datée de la capitale du monde chrétien.

« Rome, 20 février 1843.

» Je recommande à Messieurs les
» Curés et aux âmes pieuses du diocèse
» la reconstruction de la chapelle de
» la très sainte Vierge, à Ronchamp,
» qu'entreprend M. Vauchot, curé de
» Ruffey.

» La dévotion à la sainte Vierge est
» celle de tous les enfants de Dieu. Nos
» vénérés prédécesseurs ont mis le
» diocèse sous sa protection : la foi et
» la religion y fleuriront à proportion
» que Marie y sera honorée. C'est donc

» semer pour l'éternité que ne donner
» à Marie dans le temps.

» † CÉSAIRE, *Arch. de Besançon.* »

M. l'abbé Vauchot se mit à l'œuvre
avec un zèle admirable : il parcourut
le diocèse et divers autres lieux avec
une constance et une activité que sa
piété et une tendre dévotion à la sainte
Vierge pouvaient seules inspirer ; il
recueillit de nombreuses et abondantes
offrandes qui lui permirent d'entre-
prendre et de continuer avec confiance
l'érection d'un nouveau sanctuaire.

En 1847 les murs de cet édifice
étaient achevés et l'on poursuivait ac-
tivement les travaux des voûtes, de la
toiture et de la décoration.

En 1857, pendant le mois de mai,
mois si précieux, pendant lequel Marie
reçoit tant d'hommages et de vœux,
ce monument s'ouvrait au culte pour
y recevoir les dépouilles mortelles du

digne abbé Vauchot, et la première messe y fut célébrée pour le repos de son âme (1). Cette coïncidence est frap-

(1) M. l'abbé Vauchot naquit à Faucogney en 1785. Dès l'âge le plus tendre il se fit remarquer par sa piété et sa dévotion envers la sainte Vierge. Il fut confié de bonne heure à M. l'abbé Devillers, desservant de la Chenalotte, puis curé de Vaufrey et des Bréseux.

M. Devillers donna lui-même des leçons de latinité au jeune Vauchot et le mit à même d'entrer en philosophie, puis en théologie au séminaire de Besançon. Là, comme à la Chenalotte et à Vaufrey, ce pieux élève répandait autour de lui le parfum de toutes les vertus, et, par ses exemples de ferveur dans la prière et d'exactitude dans l'accomplissément de ses devoirs, laissait présager qu'il deviendrait un prêtre dévoué et un ardent zélateur du culte de la bienheureuse Vierge Marie.

Ayant reçu la prêtrise, M. Vauchot fut envoyé en qualité de vicaire à Servance, chez M. Théret. Nommé curé à Ornans, où il emmena avec lui l'abbé Vauchot, et plus tard, appelé au chapitre métropolitain de Besançon et honoré

pante et de nature à ranimer la confiance envers Marie, qui se plaît à bénir

du titre de vicaire général de Son Eminence Mgr le Cardinal Mathieu, Archevêque de Besançon, il fut pour M. Vauchot un père et un conseiller précieux, dont les conversations et les avis charitables durent exercer une heureuse influence sur son esprit et sur son cœur.

D'Ornans, M. Vauchot fut nommé curé de la paroisse de Nods, ensuite de celle de Myon, et enfin de celle de Ruffey. Dans ces différentes paroisses, il déploya un zèle ardent pour la décoration de la maison de Dieu et pour les pratiques de dévotion.

Retiré à Besançon sur la fin de 1843, il se dévoua à l'œuvre de la chapelle du Haut, à l'extension des congrégations, en faveur desquelles il a composé plusieurs livres de piété où se révèlent sa foi vive et un ardent désir de la gloire de Dieu et de l'honneur de sa sainte Mère.

M. Vauchot termina une vie si bien remplie le 8 mai 1857, à l'hôpital de Vesoul, où il fut surpris par la maladie qui devait l'emporter. Les religieuses hospitalières furent bien récompensées des soins charitables qu'elles lui ceux qui l'aiment, et qui veille avec tant de soin sur ceux qui travaillent à l'honneur de son culte et à la gloire de son divin Fils.

avaient prodigués par les paroles d'édification qu'il leur adressait, et par le spectacle touchant de sa mort si belle et si douce.

Ses dépouilles mortelles furent déposées au cimetière de Vesoul; mais, pour répondre au désir de ce saint prêtre, M. le curé de Ronchamp les fit exhumer et placer dans le sanctuaire nouveau, au lieu que M. Vauchot avait désigné lui-même pour sa sépulture. Le 8 septembre suivant, à l'office du *quarantal* célébré à la chapelle nouvelle, pour le repos de son âme, M. l'abbé Tarby, curé de Vaufrey, fit son oraison funèbre devant un nombreux auditoire : il releva avec talent les excellentes qualités de M. Vauchot, sa piété tendre, son zèle ardent, son généreux dévouement à la sainte Vierge, et montra dans toute sa vie, qu'il parcourut, un modèle des vertus chrétiennes et ecclésiastiques, et dans les difficultés qu'il rencontra, un cachet de succès et de durée pour son œuvre importante de Notre-Dame du Haut.

Cet édifice, qui a vingt mètres de longueur sur quinze de largeur, offre à l'extérieur un coup d'œil assez remarquable : quatre flèches s'élèvent dans les airs, supportant quatre séraphins, au milieu desquels la grande statue de la Vierge s'élance toute brillante d'or et couronnée de douze étoiles, à la hauteur de trente-trois mètres au-dessus du sol. Il se fait remarquer aussi à l'intérieur par quatre grands vitraux on l'on voit briller la Vierge de Sainte-Marie-Majeure de Rome, Notre-Dame de Lorette, Notre-Dame de Fourvières et Notre-Dame des Ermites, et par deux belles rosaces représentant, l'une Marie dans son assomption, et l'autre la bienheureuse Vierge tenant l'enfant Jésus dans ses bras.

L'ornementation de ce nouveau sanctuaire n'est point encore achevée, mais elle se complétera bientôt, nous l'espé-

rons de la piété et de la générosité des
fidèles serviteurs de Marie, qui verront
avec bonheur s'accomplir dans toute
la perfection possible une œuvre si
heureusement commencée.

IV.

Union des deux Sanctuaires.

Les souvenirs précieux qui se rat-
tachent à l'ancien sanctuaire de Notre-
Dame du Haut, la vénération des habitants de la contrée pour ce monument chéri, ne permettaient ni de l'a-
bandonner ni de le démolir.

D'autre part, qu'allait devenir cette
chapelle en face du nouveau sanctuaire
destiné à recevoir la statue miraculeuse
de la sainte Vierge?

M. l'abbé Faivre, curé de Ronchamp,
conçut le dessein de tout concilier en
unissant les deux sanctuaires : cette

idée très heureuse fut sans doute une inspiration du ciel apportée par Marie en faveur de sa demeure antique et chérie du Haut.

Ce projet, mûri par la réflexion, fut confié à un architecte habile (1), qui l'a réalisé avec bonheur.

Ainsi l'ancien et le nouveau sanctuaire formeront ensemble un gracieux et superbe édifice qui reliera le passé avec l'avenir, et redira aux générations futures le zèle et le dévouement des pieux habitants de Ronchamp et de la contrée.

L'union des deux sanctuaires exigeait des réparations importantes dans l'ancien et quelques modifications dans le nouveau.

Or, l'antique sanctuaire est déjà pleinement restauré, dans le style ogival du xiv° ou du xv° siècle. La partie

(1) M. Colard, de Lure.

nouvellement édifiée pour servir de trait d'union aux deux sanctuaires, et qui forme une espèce de chœur, est parfaitement en harmonie avec ces deux monuments, et par ce moyen sert à former un ensemble admirable. La voûte principale de l'ancien sanctuaire s'élance appuyée sur quatre petits faisceaux de colonnes aux chapiteaux richement ornés; les voûtes latérales encadrent de leurs nervures quatre magnifiques fenêtres dont les verrières représentent l'annonciation, la présentation, la visitation et le couronnement de Marie dans le ciel. La pose de la Vierge est des plus gracieuses, ses traits sont fins et délicats, ses regards s'abaissent avec une douceur infinie sur les pèlerins qui la contemplent et l'invoquent; un parfum exquis d'innocence et de sainteté semble s'exhaler d'elle et se répandre sur eux pour les sanctifier. Oh! qu'il est doux de prier sous des regards si tendres! Qu'on est heureux de pouvoir donner à Marie le nom de Mère!

L'autel est en pierre, et le retable en bois; mais tout se lie et s'harmonise dans le même style. Au devant du tombeau se trouvent cinq niches occupées par les statues de saint Joseph, saint Joachim, sainte Anne, saint Jean-Baptiste et saint Jean l'Evangéliste.

Pour compléter et perfectionner l'édifice de Notre-Dame du Haut, l'entrée du nouveau sanctuaire devra être placée au levant, en face de la chapelle de la Vierge miraculeuse, et dans les deux bras de la croix s'élèveront avec grâce deux autels dédiés, l'un à Notre-Dame de Pitié, l'autre à saint Joseph. Ces modifications, combinées avec une décoration habilement exécutée, feront de l'édifice du Haut un des plus beaux monuments consacrés à la Reine du ciel et de la terre.

Cette chapelle, si bien restaurée et embellie, fut inaugurée et bénite le 27 octobre 1859, au milieu d'un grand concours de fidèles et d'un nombreux clergé. M. l'abbé Guiron, curé de Lure, prononça à cette occasion un discours intéressant dont le souvenir demeure gravé dans le cœur des auditeurs. Cette cérémonie touchante fit une vive impression sur l'assistance : bien des larmes coulèrent sur les dalles de la chapelle, mais aussi bien des vœux s'élevèrent vers le trône de Marie.

V.

Du nombreux concours de Pèlerins à Notre-Dame du Haut.

Le nombre des fidèles qui visitent le sanctuaire de Notre-Dame du Haut, déjà si remarquable autrefois, va sans cesse croissant. On voit chaque jour une foule de pèlerins monter et des-

cendre la sainte colline et donner à la
religion et au culte de la sainte Vierge
un éclatant et consolant témoignage.
Cette année, au jour de l'incidence de
la Fête-Dieu, plus de trois mille pèlerins, et à la fête de la Nativité deux
mille au moins, ont visité ce sanctuaire
béni.

Nous pourrions donc dire du pèlerinage de Notre-Dame du Haut ce que
Prudence dit dans son livre *des Cou-
ronnes*, sur le concours des fidèles au
tombeau du martyr saint Hippolyte :
« Dès que le soleil paraît, le peuple s'y
» rend en foule pour prier ; une se-
» conde troupe succède à la première,
» et une troisième à la seconde, e
» quand le soleil se retire, il voit en-
» core ce lieu sacré rempli de ceux qui
» y vont porter leurs vœux ; les habi-
» tants de la province et des contrées
» voisines y viennent par nombreuses
» troupes ; le mari et la femme, envi-

» ronnés de leur petite famille, mar-
» chent avec une joie égale ; le chemin
» peut à peine contenir cet agréable
» débordement de tant de fidèles et se
» trouve trop serré pour leur donner
» passage. »

VI.

Prodiges et faits merveilleux opérés en faveur des Pèlerins de Notre-Dame du Haut.

Les nombreux *ex-voto* appendus aux murs de l'antique sanctuaire du Haut ; les croix d'or et les objets précieux qui environnent la statue miraculeuse ; la confiance générale et illimitée des habitants de la province et même de contrées éloignées, attestent assez haut le pouvoir et la bonté que Marie fait éclater, et les prodiges opérés par sa médiation sur cette sainte colline.

A l'honneur de Marie invoquée sous le titre de Notre-Dame du Haut, on peut dire à beaucoup de pèlerins : Allez, racontez ce que vous avez vu, ce que vous avez entendu, ce que vous avez ressenti vous-mêmes; redites à vos proches, à vos amis, qu'ici les aveugles ont recouvré la vue, que les boiteux ont marché, que les cœurs affligés et brisés par la douleur ont été relevés et consolés, que les pécheurs ont été touchés et ramenés à la vie; enfin que des prodiges de toute espèce, et dans l'ordre de la nature et dans l'ordre de la grâce, ont consacré ces saints lieux et les ont rendus dignes de respect et de vénération (1).

(1) Parmi les faits merveilleux qui se sont produits pour récompenser la confiance des pèlerins du Haut, on cite surtout : 1º la délivrance d'un nommé André fait prisonnier par les barbares, et miraculeusement sauvé après s'être recommandé à la sainte-Vierge du Haut; 2º la guérison d'Auguste Pierre, de la Côte (Haute-Saône), qui, conduit à la chapelle par

PRIÈRES DIVERSES

Que l'on peut adresser à la sainte Vierge dans son
Sanctuaire du Haut.

AVIS.

Il est bon de réciter de préférence,
aux pieds de Notre-Dame du Haut,

ses parents, fut délivré tout en y entrant d'une
espèce de frénésie contre laquelle toutes les
ressources de l'art avaient échoué; 3º celle de
Marie Monge, de Varogne (Haute-Saône), dé-
livrée d'une épilepsie à la suite d'un pèlerinage
à Notre-Dame du Haut. 4º Jean-Claude Fré-
chin, de la paroisse de Roye (Haute-Saône),
officier retraité, atteste avoir été radicalement
guéri d'un rhumatisme qui pendant cinq ans
ne lui avait laissé aucun repos, lorsque sa nièce
faisait pour lui un pèlerinage à Notre-Dame du
Haut. 5º On assure qu'une enfant, fille de Jean
Bourquin et de Marie-Françoise Mourey, venue
au monde morte, ayant été portée à la chapelle
le 8 octobre 1811, y reçut la vie et fut baptisée
dans l'église de Ronchamp. Le baptême de cette

les prières consacrées par l'Eglise et auxquelles les souverains pontifes ont accordé des Indulgences. Ainsi les Litanies de la sainte Vierge, le *Salve, Regina*, le *Sub tuum præsidium*, les invocations ordinaires en l'honneur de l'immaculée Conception de Marie, la prose *Stabat Mater*, etc., sont d'excellentes prières à réciter, soit pendant le pèlerinage, soit à la chapelle.

Prière à Notre-Dame du Haut.

O Marie! ma tendre Mère! je viens déposer à vos pieds l'hommage de mon respectueux dévouement et de ma vive confiance! De quelles douces émotions mon âme est remplie lorsque je me trouve devant vous dans ce sanctuaire auguste où vous avez fait tant de fois

enfant, qui vécut encore quatre jours, est consigné dans les registres de la paroisse.

éclater votre miséricordieuse puissance et votre extrême bonté. Déjà je fais l'heureuse expérience du bonheur que l'on éprouve quand on vient vous honorer et réclamer votre assistance dans ce lieu privilégié! Daignez agréer l'hommage de ma piété toute filiale, et recevoir les humbles prières que je viens vous adresser. Vous connaissez mes besoins, ô ma bonne Mère! Vous savez surtout les motifs qui m'amènent aujourd'hui dans ce sanctuaire antique, où vous vous plaisez à répandre les dons du ciel, dont vous êtes la dépositaire, sur vos enfants soumis et dévoués qui viennent y réclamer votre maternelle assistance. Ah! je vous en conjure, intercédez pour moi auprès de votre divin Fils; obtenez-moi les grâces qui me sont les plus nécessaires dans la position où je me trouve! O divine Mère! prenez pitié d'un enfant qui a recours à vous dans sa détresse et qui vient avec confiance se réfugier dans votre sein miséricordieux, et faites descendre sur sa misère l'abondance des biens célestes. Ainsi soit-il.

Autre prière.

O Marie ! refuge assuré des pécheurs, salut des infirmes, consolatrice des affligés, voici le lieu où le Seigneur a manifesté, par une foule de grâces et de prodiges, le pouvoir que vous exercez sur son cœur, et le crédit dont vous jouissez auprès de lui. Ici, par votre médiation, les pécheurs ont été touchés et convertis, les âmes abattues ont été relevées, les cœurs affligés inondés des plus douces consolations, les malades guéris, les faibles soutenus et fortifiés. Ah ! j'en ai la ferme confiance, je ne serai pas rejeté de vous ; je ressentirai, comme tous ceux qui vous ont priée avec confiance, les effets de votre bienfaisante charité; je redirai à mon tour la bonté et la puissance que Marie exerce dans ce sanctuaire en faveur de ses enfants dévoués !

Obtenez-moi, sainte Mère de Dieu, une vive douleur de mes péchés et une ferme résolution de n'y plus retomber ! Obtenez-moi un redoublement de foi, de confiance, de charité et de ferveur, afin que je me perfectionne et que je devienne un véritable disciple de votre divin Fils, et un parfait imitateur de vos vertus. Ainsi soit-il.

AVERTISSEMENT.

Quels sentiments de respect doivent pénétrer votre âme lorsque vous franchissez le seuil de ce sanctuaire où tant d'âmes sont venues chercher le bonheur et la paix ! Quelles délicieuses émotions ne devez-vous pas éprouver en vous trouvant au pied de la sainte image de Marie!

Agenouillez-vous, avec une grande vénération, sur les dalles de cette chapelle! Oh! que de larmes elles ont reçues! Que de soupirs ardents elles ont entendus! Que de prodiges elles ont vus s'opérer! Ranimez votre confiance envers cette bonne Mère.

Répandez votre âme devant l'auguste Marie; offrez-lui votre cœur et vos vœux, afin qu'elle les présente à Jésus votre sauveur.

Si vous entendez la messe dans ce sanctuaire, et surtout si vous devez y faire la sainte communion, recueillez-vous profondément aux pieds de Marie; recommandez-lui la grande action que vous allez faire; exposez-lui vos besoins et ceux des personnes pour qui vous devez prier; offrez à Dieu votre communion par sa médiation, afin d'obtenir ce que vous avez à de-

mander. Vous pouvez dans cette circonstance réciter les prières suivantes :

Prière.

O sainte Marie! le Dieu qui vous a
choisie pour sa mère, Celui que vous
avez tenu dans vos bras et à qui vous
avez prodigué tant de soins, va descendre aujourd'hui en moi ; il va se
reposer sur mon cœur comme sur le
trône de sa miséricorde. Ah ! conjurez-le de n'avoir point égard à mon
indignité, mais d'avoir compassion de
ma misère, et de venir en moi avec
l'abondance de ses grâces et de ses bénédictions célestes. Ainsi soit-il.

Autre prière.

Permettez-moi, ô ma divine Mère,
de répéter aujourd'hui, dans ce sanctuaire vénéré, où je viens implorer
votre secours, cette salutation sublime
que vous adressa l'ange Gabriel au

moment où allait s'accomplir l'auguste mystère de l'Incarnation, et où vous alliez devenir la mère de Dieu et la nôtre ! salutation qui a été redite tant de fois au pied de cet autel : « Je » vous salue, Marie, pleine de grâce, » le Seigneur est avec vous. »

Oui, je vous salue avec l'angélique messager du ciel ;

Avec les patriarches, qui soupiraient après votre arrivée ;

Avec les prophètes, qui révélaient vos ineffables priviléges, et annonçaient votre glorieuse et divine maternité ;

Avec les habitants de la terre et les élus du ciel, sanctifiés par les mérites de votre divin Fils. Je vous salue conçue sans péché, comblée de grâces et ornée de toutes les vertus !

Ave, Maria, gratiâ plena, Dominus tecum.

Permettez-moi de redire encore dans

les transports de mon admiration et de mon amour, cette parole que vous adressa sainte Elisabeth au jour où vous l'honoriez de votre visite : *Vous êtes bénie entre toutes les femmes, et Jésus le fruit de votre sein est béni.*

Benedicta tu in mulieribus , et benedictus fructus ventris tui Jesus.

Enfin, ô ma tendre Mère, permettez-moi de vous adresser encore, avec toute l'Eglise, cette prière qui tant de fois a dilaté votre cœur et rempli de confiance celui de vos enfants :

« Sainte Marie, mère de Dieu, priez » pour nous, maintenant et à l'heure » de notre mort. »

Oui, priez pour nous, maintenant que nous sommes exposés à tant de dangers, environnés de tant d'ennemis, en butte à tant d'épreuves et de contradictions ; maintenant que nous avons tant à combattre, tant à souffrir et que nous avons si besoin du secours divin! Priez pour nous maintenant que nous gémissons dans la vallée des larmes, sur la terre de l'exil. Mais priez pour nous, ô tendre Mère, surtout quand nous soutiendrons les derniers combats, quand nous serons dans les étreintes de l'agonie et aux prises avec la mort; priez pour nous dans ce moment décisif, afin que notre mort soit sainte et précieuse aux yeux de Dieu, et que notre bonheur soit assuré pour l'éternité.

Autre prière.

En me reportant par la pensée dans la maison de Zacharie et d'Elisabeth, je vous vois, sainte Marie, répandant autour de vous la bonne odeur de toutes les vertus, édifiant ceux qui vous entouraient, par la sainteté de vos conversations, et pratiquant les œuvres de la plus parfaite charité! Je vous demande de m'obtenir la grâce de sanctifier tous mes rapports avec le prochain, surtout avec les membres de ma famille et ceux dont les conversations me sont plus intimes, et d'imiter votre humilité, votre charité et votre zèle pour la gloire de Dieu et le salut des âmes.

C'est dans cette circonstance, ô bienheureuse Vierge Marie, que vous laissâtes tomber de vos lèvres le sublime cantique que l'Eglise répète tous les jours, et qui est une expression si touchante de votre reconnaissance envers Dieu, de votre humilité et de votre consécration au Seigneur. Avec quel bonheur, ô ma tendre Mère, je redirai ce cantique sacré, dans ce sanctuaire où depuis si longtemps vous êtes honorée. En union avec toutes les prières qui ont été faites dans cet asile de la piété, en union à tous les pieux sentiments produits dans les âmes par le chant de ce cantique depuis que

vous le composâtes jusqu'à ce jour, je
m'écrierai avec le ciel et la terre :

« Mon âme glorifie le Seigneur, et
» mon esprit est ravi de joie en Dieu
» mon sauveur;

» Parce qu'il a regardé l'humilité
» de sa servante : et voilà que je serai
» appelée bienheureuse dans toute la
» suite des siècles.

» Car, Celui qui est tout-puissant a
» fait pour moi de grandes choses, et
» son nom est saint.

» Et sa miséricorde s'étend sur ceux
» qui le craignent, de génération en
» génération.

» Il a signalé la puissance de son
» bras, et confondu les pensées des
» superbes.

» Il a fait descendre les puissants de
» leur siége, et il a élevé les humbles.

» Il a comblé de biens ceux qui
» étaient pauvres, et réduit les riches
» à la disette.

» Il s'est ressouvenu de sa miséri-
» corde, et a pris sous sa protection
» son serviteur Israël.

» Comme il l'avait promis à nos
» pères, à Abraham et à sa posté-
» rité dans tous les siècles.

» Gloire au Père, gloire au Fils,
» gloire au Saint-Esprit.

» Ainsi soit-il. »

Le *Salve, Regina,* en français.

Nous vous saluons, ô Reine, mère de miséricorde ! Nous vous rendons hommage comme à notre vie, à notre douceur et à notre espérance. Nous élevons nos cris vers vous ! malheureux exilés, pauvres enfants d'Eve, nous soupirons après vous, gémissant et pleurant dans cette vallée de larmes. Ah ! puisque vous êtes notre avocate, tournez vers nous les regards de votre compassion ; et après que nous aurons terminé l'exil de cette vie, montrez-nous Jésus, le fruit béni de votre sein. O clémente, ô pieuse, ô douce Vierge Marie.

v. Priez pour nous, sainte Mère de Dieu;

r. Afin que nous soyons rendus dignes des promesses de Jésus-Christ.

ORAISON.

Père éternel et tout-puissant qui, par la coopération du Saint-Esprit, avez préparé le corps et l'âme de la glorieuse Marie Vierge mère pour mériter de devenir le séjour de votre Fils, faites, nous vous en supplions, que, par l'intercession de celle dont nous célébrons la mémoire avec joie, nous soyons délivrés des maux présents et de la mort éternelle. Ainsi soit-il.

Hommage à Marie Immaculée.

Je vous révère, Vierge incomparable, pleine de la sagesse divine, digne temple du Dieu vivant, ornée de toutes les vertus divines, trésor de grâces et de toutes les richesses spirituelles.

Vous avez été préservée du péché originel, et élevée à la dignité de Mère de Dieu. Vous avez été établie la Mère des vivants, la porte du ciel, la reine des anges, la nouvelle étoile de Jacob, la joie et le salut des fidèles ! Soyez à jamais bénie, et priez pour vos enfants, qui réclament votre protection maternelle.

Autre prière à l'honneur de l'Immaculée Conception de Marie.

Par votre très sainte virginité et votre immaculée Conception, ô Vierge très pure et reine des anges ! obtenez que mon corps et mon âme soient purifiés.

Bénie soit la sainte et immaculée

Conception de la bienheureuse Vierge Marie!

O Marie, conçue sans péché, priez pour nous, qui avons recours à vous!

Prière à la sainte Vierge pour la conversion des pécheurs.

Vous avez été choisie, ô sainte Marie, pour coopérer au salut des pécheurs, puisque vous êtes devenue la Mère du Sauveur et du Rédempteur des hommes! Daignez donc abaisser les regards de votre miséricorde sur les pécheurs et en particulier sur ceux que je recommande aujourd'hui à votre tendresse maternelle. Priez votre divin Fils qu'il brise la dureté de leur cœur, qu'il les détache du péché, et les ramène à la pratique des devoirs sacrés de la religion. Vous ne dédaignerez pas ma prière, ô ma bonne Mère, et vous nous obtiendrez la grâce de nous trouver un jour réunis avec vous dans le ciel. Ainsi soit-il.

Prière à la sainte Vierge pour la consolation des âmes affligées.

Vous êtes invoquée par l'Eglise, ô sainte Mère de Dieu, comme le secours assuré des chrétiens et la consolatrice des affligés, et tous les jours, en effet, vous faites éprouver à ceux qui vous invoquent avec confiance, combien vous êtes miséricordieuse et compatissante envers les âmes abattues sous le poids de l'affliction. Daignez donc, je vous en prie, répandre aujourd'hui dans mon cœur et dans celui des personnes pour lesquelles j'implore votre bonté, le baume des consolations divines ; et obtenez-nous de faire un saint usage des peines et des épreuves de cette vie, afin qu'elles nous servent à l'acquisition du véritable bonheur. Ainsi soit-il.

Prière à la sainte Vierge pour la paix.

Sainte Marie, reine de la paix, daignez écouter les prières qui de toute part s'élèvent vers votre trône pour vous conjurer d'intercéder auprès de votre Fils, qui est aussi le Dieu de la paix, afin qu'il donne aux nations chrétiennes la paix si désirée; qu'il accorde aux peuples et aux chefs de nations la grâce de s'entendre et de s'unir pour l'honneur de la religion, pour le service de Dieu et le salut éternel des hommes rachetés au prix du sang de Jésus-Christ. Ainsi soit-il.

Prière à la sainte Vierge pour demander un temps favorable aux fruits de la terre.

Nous vous conjurons, ô Marie, notre bonne Mère, de présenter nos sentiments d'amour et de confiance à votre divin Fils et de lui demander pour nous les choses dont nous avons besoin pour le corps et pour l'âme! Conjurez-le d'étendre sur nous sa main bienfaisante, de bénir nos héritages, de les préserver de la sécheresse ou de pluies trop abondantes, des tempêtes et de la grêle, de couvrir nos champs dc riches moissons et de remplir nos âmes des dons de sa grâce.

Ainsi soit-il.

Prière à la sainte Vierge pour un malade.

Recevez, très sainte Vierge, les humbles supplications que je vous adresse aujourd'hui dans ce sanctuaire pour la guérison de la personne dont la santé est si chère à mon cœur et si précieuse à sa famille! Présentez, je vous en conjure, mes vœux et mes soupirs à votre divin Fils, qui est l'arbitre suprême de la vie. Conjurez-le de rendre la santé à ce pieux fidèle qui vous est si dévoué, et de lui donner la grâce, en multipliant ses jours, de multiplier ses bonnes œuvres et ses mérites pour l'éternité. Ainsi soit-il.

Prière d'une mère ou d'un père qui recommande sa famille à la sainte Vierge.

O bienheureuse Marie, qui avez appartenu à la plus sainte famille qui fut jamais, daignez écouter les prières d'une mère (d'un père) qui, prosternée devant votre image dans ce sanctuaire vénéré, vous conjure d'appeler les bénédictions de votre divin Fils sur ses enfants chéris, sur sa famille bénie, afin qu'au sein de cette famille et par tous les membres qui la composent, la vertu soit pratiquée, la religion honorée, le péché fui et abhorré, et qu'après avoir servi Dieu fidèlement ensemble sur la terre, nous soyons tous réunis au ciel.

Le *Memorare* en français.

Souvenez-vous, ô très pieuse Vierge Marie, qu'on n'a jamais ouï dire qu'aucun de ceux qui ont eu recours à votre protection, imploré votre secours et demandé vos suffrages, ait été abandonné. Animé de cette confiance, ô Vierge, Mère des vierges, je cours et viens à vous; et, gémissant sous le poids de mes péchés, je me prosterne à vos pieds.

O Mère du Verbe, ne méprisez pas mes prières, mais écoutez-les favorablement et daignez les exaucer.

Prière à la sainte Vierge pour tous les besoins de la vie.

Nous recourons à votre assistance, sainte Mère de Dieu; ne méprisez pas nos prières dans nos nécessités, et délivrez-nous de tout danger, ô Vierge comblée de gloire et de bénédiction ! Ainsi soit-il.

FIN.

TABLE.

—

Besançon, imp. de J. Jacquin.